AF253713

ÉLISA

LEMONNIER

IMPRIMERIE L. TOINON ET Cᵉ, A SAINT-GERMAIN.

ÉLISA
LEMONNIER

FONDATRICE DE LA SOCIÉTÉ

POUR

L'ENSEIGNEMENT PROFESSIONNEL DES FEMMES

SAINT-GERMAIN

IMPRIMERIE L. TOINON ET Ce

1866

Ma chère Femme,

Pendant trente-quatre ans j'ai partagé ta vie ; pendant trente-quatre ans nous avons mis en commun nos travaux, nos douleurs, nos espérances et nos joies. Nous nous étions donnés l'un à l'autre volontairement, volontairement nous sommes restés unis, et jamais notre union n'a fait tort à notre liberté : nous avons chacun travaillé selon nos forces, suivant notre vocation.

J'ai vu naître chez toi la pensée de l'œuvre à laquelle ta mémoire demeure justement attachée; sans autre ressource que l'énergie passionnée d'un courage infatigable, débile de corps mais forte de cœur et de volonté, je t'ai vue, pendant

quatorze ans, grouper peu à peu tes amies, communiquer ton enthousiasme, étendre doucement
le rayonnement de ta pensée, fournir, sans autre
limite que les besoins de l'œuvre, les trésors inépui-
sables de ton dévouement, exercer, sans le savoir,
le doux empire que donne la simplicité unie à l'intelligence et à la bonté, jusqu'au jour où, dans ce
petit local de la rue de la Perle, vous avez pu,
Femmes généreuses, recueillir votre seule récompense : la joie de fonder la première école laïque et
libre qui ait été ouverte pour *l'Enseignement professionnel des jeunes filles.*

Laisse-moi donc, chère femme, rendre témoignage ; laisse-moi raconter brièvement ta vie ; per-
mets que je fasse voir avec quelle simplicité peuvent
se faire les grandes choses quand elles viennent du
cœur. Tu n'as jamais été ni humble ni orgueilleuse,
mais toujours vraie, cordiale, sincère ; tu as cherché le bien pour lui-même ; tu l'as fait parce que tu
as cru qu'il était bon de le faire.

Que le grand exemple que tu as donné ne soit
point perdu. Dans quelques années ces trois cents
jeunes filles qui t'ont vue, émue, souriante, et déjà
frappée de loin par la mort, présider à leurs travaux
et à leurs fêtes, dans quelques années ces jeunes
filles seront devenues mères à leur tour ; avec les
saines traditions de l'École professionnelle, elles

emporteront dans leur foyer le souvenir de tes vertus; tes paroles pénétrantes sont gravées dans leur pensée; ta noble et sereine figure est empreinte dans leur cœur. Je voudrais aider à la pieuse mémoire qu'elles garderont de toi. Au nom de tes deux fils, au nom de ta nouvelle fille, je voudrais donner à la grande famille que tu t'es faite, et qui va chaque jour croissant et multipliant, sa part des bénédictions que tu as laissées à cette famille du sang qui entoure à jamais de son culte ton image vénérée !

A tous, enfin, je voudrais laisser le témoignage de celui qui fut, et qui demeure, malgré la mort, ton compagnon, ton ami, ton frère.

CH. LEMONNIER.

Paris, 15 octobre 1865.

ÉLISA LEMONNIER

Marie-Juliette Grimailh, appelée en famille Élisa, naquit à Sorèze le 24 mars 1805, à une heure du matin.

Son père, Jean Grimailh, sortait d'une famille très-anciennement établie à Sorèze, et que l'estime publique a toujours entourée d'une juste considération; il avait épousé une demoiselle d'origine noble et d'une merveilleuse beauté : Étiennette-Rosalie Aldebert, issue par sa mère de la famille de Barrau de Muratel, originaire du Rouergue. Maurice de Barrau, grand-oncle maternel d'Élisa, commandait à Valmy la première ligne d'infanterie, et contribua par son sang-froid et son intrépidité au gain de la bataille.

Jean Grimailh eut cinq enfants : trois garçons et deux filles; Élisa fut le troisième enfant et l'aînée des filles. Nature fine et délicate, madame Grimailh dut toute jeune ensevelir sa rare beauté dans l'obscurité du ménage; elle donna de bonne heure l'exemple d'une vie simple, économe et laborieuse. L'entretien et l'éducation de cinq enfants étaient une lourde charge pour un ménage d'une fortune ordinaire, aux revenus de laquelle ne s'ajoutaient les profits d'aucune industrie. Ce fut surtout depuis son veuvage qu'elle fit voir beaucoup de prudence et de soin dans l'administration du patrimoine de la famille. Mère tendre et dévouée, ses enfants ont eu le bonheur de pouvoir lui rendre jusque dans un âge avancé les soins qu'elle avait prodigués à leurs premières années.

Jean Grimailh, esprit vif et curieux, cherchait dans la lecture d'heureuses diversions à la vie monotone d'une petite ville. Il aimait à instruire ses enfants, à développer leur esprit, à se faire rendre compte de leurs études. Élisa, qui l'avait peu connu (il mourut en 1817), gardait pourtant un souvenir très-reconnaissant de l'éveil que lui avait donné cette intelligence active et chercheuse.

Madame Aldebert, grand'mère d'Élisa, ne vint demeurer avec sa fille qu'après la mort de son gendre, mais elle habitait Sorèze depuis longtemps. C'était une femme intelligente, belle, hardie, d'un caractère énergique, un peu altier, entichée de sa noblesse, et qui se vantait volontiers d'avoir été, en 93, jetée en prison par les *Jacobins*.

La petite Élisa avait grandi entre ces deux femmes, vive, joyeuse, alerte, toute grâce, toute gentillesse; esprit vif, facile, un peu léger peut-être, cœur aimant, franc et ouvert. Pendant que les frères aînés suivaient les cours du collége, Élisa, en compagnie de son jeune frère Émile, fréquentait les classes élémentaires et mixtes d'un pensionnat de demoiselles où l'on enseignait non-seulement la lecture, l'écriture et la grammaire, mais un peu d'arithmétique, un peu de géographie, un peu d'histoire, un peu de dessin; ce serait peu en 1865, c'était beaucoup en 1813.

Élisa avait près de onze ans lorsque sa cousine, madame Saint-Cyr de Barrau, pria madame Grimailh de la lui confier. Madame de Barrau et son mari passaient à la campagne la meilleure partie de l'année, et seulement quelques mois de l'hiver à Castres. Ils aimaient le monde, et bien que leur fortune fût alors très-modeste, ils recevaient beaucoup. Les quatre ou cinq années que passa près d'eux la jeune Élisa eurent une grande influence sur le développement de son esprit et de son cœur. Madame Saint-Cyr de Barrau était naturellement éducatrice : esprit éminent et cultivé, elle fit travailler sa jeune cousine plus sérieusement que celle-ci ne l'avait fait encore; elle lui fit reprendre, sous sa direction, toutes ses études de grammaire, de géographie et d'histoire; elle lui donna l'habitude et le goût des bonnes lectures; elle la forma, surtout, par ses leçons et par ses exemples, aux devoirs délicats et difficiles de la maîtresse de maison, lui traçant elle-même le modèle de cette simplicité gracieuse, de cette affabilité exquise et prévenante qui attire, retient et charme. Élisa profitait aisément de ces leçons : naïve enfant, vive et gracieuse adolescente, bientôt jeune fille d'une beauté exquise, elle devint l'orgueil et la joie de sa cousine.

Située sur les premières pentes de la montagne Noire, dernier prolongement des Cévennes, la Sabartarié (c'est le nom de la campagne qu'habitaient M. et madame de Barrau) forme une solitude charmante dont le site, un peu sévère, se prête aussi bien aux facilités d'une hospitalité gracieuse qu'aux rêveries fécondes d'une vie studieuse et contemplative. Isolée sur un mamelon qui, détaché de la montagne, forme, en avançant sur la plaine, une sorte de promontoire, l'habitation s'élève en face et à quelque distance du village de Viviers; au

sud on découvre les croupes boisées, les bruyères
rouges et grises de la montagne ; au nord, le riant tableau de la plaine comprise entre Revel, Puy-Laurens,
et Castres, couverte de moissons, semée de métairies
blanches, traversée par l'Agout et par le Sor ; d'un côté
dans le lointain, le casque du Berniquau qui domine
Sorèze ; de l'autre, la vallée de Castres, dont la fumée
s'élève au-dessus des plis de terrain qui dérobent
la ville.

Ce séjour, à la fois élégant et rustique, fit sur Élisa
une impression profonde. Elle y prit un vif amour de
la nature, un sentiment exquis de ses beautés, une extrême facilité à suivre, à comprendre, à aimer les travaux des champs, et cette passion de la terre natale qui,
au dernier jour de sa vie, lui a fait désirer si vivement
que son corps reposât dans un coin de cette belle
plaine sur laquelle, jeune fille, elle avait tant de fois,
du haut de la Sabartarié, promené les rêveries de sa
pensée.

Lorsque Élisa revint quelques années plus tard chez
sa mère, elle avait toute la fraîcheur que la jeunesse peut ajouter à la beauté. Elle était belle, mais
elle était plus gracieuse encore ; son âme paraissait
tout entière sur son doux visage. A l'expression fine
et bienveillante de sa physionomie, à la flamme voilée
de son regard, au sourire tendre et fier qui errait sur
ses lèvres, on oubliait les charmes de sa personne pour
ne songer qu'aux trésors de dévouement, d'intelligence
et de bonté qu'elle laissait entrevoir. Rentrée dans la
maison maternelle, elle y reprit, sans effort, la vie modeste et laborieuse de la famille. Adroite, industrieuse,
habile à tous les menus ouvrages de femme, elle unissait aux grâces de la jeunesse les vertus de la ménagère.

Elle-même faisait ses chapeaux et ses robes, elle aidait sa mère à réparer le linge et les vêtements. En même temps elle avait pour la toilette un goût extrêmement vif, favorisé par les gâteries de ses oncles, et surtout par la complaisance inépuisable de sa grand'mère.

Sorèze n'est qu'une petite ville de deux mille habitants environ, bâtie dans un site admirable au pied de la montagne Noire, à l'entrée même d'une gorge sauvage dont les pentes abruptes, les rochers, les ravins, les buis entremêlés de vignes et de prairies, servent de cadre à la ville, à travers laquelle jaillissent et murmurent les eaux vives de la montagne. Mais cette petite ville a sa place marquée, à la fois dans l'histoire des sciences et des lettres, et dans le souvenir reconnaissant des milliers d'élèves sortis du collége qui pendant longtemps a fait son renom et sa prospérité.

Fondé en 1682 par les bénédictins pour lutter avec la célèbre académie que les protestants avaient créée à Puy-Laurens, et qui, ruinée par les persécutions dont la révocation de l'édit de Nantes fut le signal, compta, parmi ses élèves ou ses professeurs, Rapin-Thoyras et Pierre Bayle, le collége de Sorèze, devenu en 1791 la propriété des frères Ferlus, jetait alors tout son éclat. L'esprit éminemment libéral qui présidait à toutes les parties de l'enseignement, le mérite des professeurs distingués dont MM. Ferlus avaient su s'entourer, le nombre des pensionnaires qui dépassait quatre cents, l'hospitalité généreuse avec laquelle les directeurs avaient, pendant les guerres du blocus continental, gardé et entretenu à leurs frais les nombreux élèves que leur envoyaient les Colonies, l'Inde et les deux Amériques ; les heureux effets d'un système d'études combiné de façon à donner un égal développement, non-seulement aux exercices du corps et aux exercices de l'esprit, mais aussi à la culture des beaux-arts ; le concours incessant des étrangers, des familles, des simples voyageurs qui venaient visiter un établissement dont la réputation dépassait l'Europe, faisaient du collége et de la ville de Sorèze un véritable foyer de civilisation, pour lequel M. Ch. Dupin dut adoucir jusqu'à la nuance la plus claire la teinte noire dont il couvrit vers cette époque le reste du département.

Élisa, qu'une amitié d'enfance liait avec les filles de M. Ferlus, et surtout avec Fanny, la plus jeune des trois, retrouvait dans le salon du collége non-seulement les habitudes hospitalières qu'elle avait vu pratiquer chez madame de Barrau, mais un mouvement d'idées plus général, et, pour ainsi dire, des perspectives ouvertes sur tous les côtés de la vie. Ces soirées dans lesquelles, à côté de jeunes femmes et de jeunes filles charmantes, on voyait tous les jours passer des personnages marquants, hommes d'État, philosophes, militaires, artistes, industriels, où résonnaient tous les échos de la politique, de la science et de la littérature, et que dominait la figure noble, spirituelle et un peu dédaigneuse de M. Ferlus, exercèrent assurément sur Élisa une influence favorable, et lui donnèrent cet usage du monde, cette aisance heureuse et facile qu'il est rare de trouver dans les petites villes.

Au milieu de cette vie où, malgré les distractions que donnait le collége, le travail tenait cependant plus de place que le plaisir, Élisa gardait les goûts studieux que lui avait donnés madame de Barrau ; la société qu'elle rencontrait chez M. Ferlus tenait son intelligence en éveil ; la vue et l'entretien de tant d'hommes instruits, quelques-uns tout à fait distingués, qui

consacraient à l'éducation de la jeunesse des talents
véritables, poussaient à l'étude. Élisa lisait beaucoup
et elle s'attachait de préférence aux livres sérieux.
Intelligence prompte et hardie, elle avait au plus haut
degré cette intuition quasi merveilleuse qui, parfois,
conduit d'emblée les femmes au cœur des questions
les plus élevées.

Le protestantisme, dans lequel elle était née, et que
professaient toutes les branches de sa famille, s'il
parle moins à l'imagination et aux sens par la sévérité
sèche et prosaïque de ses rites, pousse à la culture
de l'intelligence, et au développement de la moralité par la liberté de l'examen, et par le soin qu'il
remet à chacun de la conduite de sa vie. Préservée
du mysticisme par un bon sens admirable, Élisa
fut toute sa vie profondément et sincèrement religieuse, mais sa tendresse infinie, sa bonté simple et
franche, l'ardeur un peu enthousiaste de son imagination, l'élevèrent toujours au-dessus des sécheresses
de la dévotion. Une longue maladie qu'elle fit à cette
époque la rendit plus sérieuse encore ; le goût un peu vif
qu'elle avait pour la toilette et pour les distractions
du monde s'amortit ; de tout temps elle avait aimé
et visité les pauvres, elle en fit plus que jamais
ses amis. Ses libéralités excessives lui attiraient les
remontrances d'une vieille tante : « on assure que tu
demandes des prières aux catholiques, » lui dit-elle un
jour ; « j'accepte, répondit Élisa, toutes celles qui sont
adressées à Dieu d'abondance de cœur, quelle que soit
la bouche qui les prononce. » Élisa racontait en riant
que cette réponse avait fait un peu scandale. A la même
époque, les pensées d'Élisa se tournèrent spontané-
ment vers les questions sociales ; « un jour, dit-elle,

l'idée de la glorification du travail traversa mon esprit comme un éclair;» aussi lorsque en 1828, M. Lemonnier, venu tout jeune à Sorèze pour y professer la philosophie, fut présenté dans la famille Grimailh, Élisa se trouvait tout naturellement amenée, par le tour de son esprit et les inclinations de sa pensée, à écouter avec intérêt la parole ardente du jeune professeur. Lui fut ravi de cet esprit facile et prompt, tout à la fois mélancolique et enjoué, qui descendait avec tant de simplicité au fond des questions, et dont le bons sens naturel donnait si souvent la lumière qu'il semblait demander.

Ce fut dans cet échange d'idées que se formèrent entre ces deux jeunes gens les premiers liens d'une union, qui, sanctionnée trois ans après par le mariage, ne devait être brisée que par la mort.

Mis en demeure, quelques mois plus tard, de professer publiquement le catholicisme ou de renoncer à sa chaire, Lemonnier préféra l'indépendance de sa pensée et la sincérité de ses opinions ; encouragé par son amie, dont il prit le conseil, il quitta Sorèze à la fin de l'année, sans avoir confié à personne, même à celle qui l'avait inspiré, l'amour profond qu'il ressentait. Il avait peu de fortune, il voulait conquérir l'indépendance par le travail, et se donner le moyen de fonder une famille.

Lemonnier avait connu à Sorèze un homme excellent, éminent esprit, cœur dévoué, intelligence à la fois ardente et réfléchie, Jacques Rességuier, le premier abonné qu'ait eu dans les départements *le Producteur*, journal fondé par Rodrigues, Bazard et Enfantin, un mois après la mort de Saint-Simon. Rességuier avait donné au jeune professeur une lettre pour Émile Barrault, ancien professeur de rhétorique au collège de Sorèze, devenu l'un des fervents adeptes de l'école saint-simonienne dont les premiers travaux allaient se révéler par l'ouverture des séances de la rue Taranne. Lemonnier suivit ces séances, et, un peu plus tard, il quittait ses études de droit pour entrer dans les rangs des nouveaux apôtres.

Pendant ce temps, Rességuier, très-lié avec la famille Grimailh, et devenu l'un des premiers chefs de l'école saint-simonienne dans les départements, cherchait à faire des prosélytes. Élisa lui parut fort disposée à goûter les idées nouvelles : elle écoutait avec intérêt le récit des premiers travaux des nouveaux doctrinaires; elle lisait avidement, et copiait de sa main les lettres d'Enfantin et de madame Bazard que lui communiquait Rességuier. Son esprit et son cœur s'ouvraient aisément à ces grandes pensées : l'histoire devenue science positive ; la destruction pacifique des misères du prolétariat ; l'amélioration du sort moral, intellectuel et physique de la classe la plus nombreuse, assignée pour but direct de la société ; les mœurs épurées; la femme relevée de son long abaissement, placée sur le pied de l'égalité, recevant par le bienfait d'une éducation libérale le développement complet de ses facultés ! Élisa se sentait à l'aise devant ce large avenir; sa propre vie lui était expliquée; elle lisait avec ardeur les publications de la nouvelle école : *l'Organisateur;* *l'Exposition* (première année).

Une lettre écrite par elle en janvier 1831, huit mois avant son mariage, fait voir avec quelle ardeur elle aspirait à l'apostolat :

[1] «... Ah! que je vous conte encore quelque chose qui vous fera plaisir. Vous souvenez-vous d'un jeune charbonnier que vous rencontrâtes dans une de vos promenades solitaires, et avec lequel vous causâtes philosophie? Il est allé hier chez Rességuier pour demander le volume de *l'Ex-*

position de la part du médecin de son petit village : et puis, dit-il, je
voudrais l'avoir pour moi ; combien coûte-t-il ? — Six francs, lui dit-on.
— C'est cher ! il se fouilla et promit de repasser ; il dut craindre de ne
point porter assez d'argent pour faire ses achats, mais il revint quelques heures plus tard et prit le volume. Si l'on avait pu supposer que le
volume était pour lui on n'aurait pas accepté les 6 fr., ce n'est que
plus tard que cette idée nous est venue. Rességuier m'en a parlé hier,
j'ai deviné que c'était le charbonnier que vous aviez rencontré ; je le
lui ai dit, il se propose de faire son possible pour rejoindre ce jeune
homme et savoir ce qu'on peut faire de lui. N'est-ce pas que ce
serait bien si nous avions un saint-simonien charbonnier qui prêche-
rait le peuple de la montagne? Ah! mon ami, quand pourrons-nous
être assez riches pour prouver à ce peuple que nous ne lui donnerons
point, comme les libéraux, la seule fumée de leurs splendides jouis-
sances, mais qu'il sera invité au même banquet moral, intellectuel et
physique que nous; qu'il ne sera plus condamné à ramasser, au prix
de ses sueurs, les miettes qui tombent de la table du riche? Ce jour
sera grand dans les annales saint-simoniennes! Oh ! comme nous serons
heureux alors! Comme nous nous embrasserons quand nous pourrons
nous dire que nous avons employé toute notre vie, tout ce que nous
possédons, à réaliser la loi de Dieu, à racheter la liberté de nos frères!
Charles, mon ami, cette pensée dissipe tous les nuages sombres que
mes souffrances physiques répandent autour de moi; j'espère, oui,
j'espère, que je ne mourrai pas sans avoir posé aussi une pierre à l'édi-
fice social qui doit réunir les peuples, et ne former d'eux tous qu'une
seule famille..... »

Quelque temps avant la date de cette lettre, Rességuier était venu à Paris visiter l'école saint-simonienne
nouvellement installée rue Monsigny, n° 6; il avait reçu
les confidences de Lemonnier; à son retour, il s'entre-
mit auprès de la famille Grimailh, aplanit les obstacles;
Lemonnier fut chargé sous sa direction des enseignements saint-simoniens qui se firent publiquement à Toulouse pendant le printemps et l'été de 1831, et mariés,
le 22 août de la même année, à la mairie de Sorèze, Élisa
et lui purent se dévouer ensemble à l'œuvre à laquelle
il leur tardait de se consacrer.

Cette année 1831 fut l'âge héroïque, et aussi l'âge

critique du saint-simonisme. *Le Globe*, rédigé par Michel Chevalier, sous la direction de Bazard et d'Enfantin, tiré et distribué gratuitement à 20,000 exemplaires; les prédications du dimanche à la salle Taitbout; les enseignements ouverts dans tous les quartiers de Paris; des missions en Belgique, à Lyon, à Rouen, à Montauban, à Pau, à Cauterets, à Bordeaux; des centres fondés à Toulouse et à Montpellier; les théories sociales les plus hardies; la prétention hautement annoncée d'installer une religion nouvelle, d'hériter à la fois de la tiare et du sceptre; tant de vérités mêlées à tant d'erreurs, tant de germes de bien semés à côté de tant de germes de mal; la jeunesse des nouveaux apôtres, leur bonne foi, leurs talents, leur dévouement, remuèrent profondément le siècle, excitèrent l'enthousiasme, ébranlèrent à fond les vieilles assises de la société, formèrent dans le grand fleuve de la révolution un courant et un remous dont les troubles ne sont point encore déposés, préparant, à la fois, et le grand élan de 1848 et le coup d'État du 2 décembre 1851.

Le programme même que se traçait la nouvelle école l'obligeait à s'expliquer sur le principe et sur les bases de la morale, sur les rapports des deux sexes, sur la constitution de la famille, sur le mariage qui en est le fondement et la garantie. Cependant, aucune de ces questions n'avait été traitée : l'école enseignait le principe de l'égalité des sexes; la hiérarchie nouvelle faisait asseoir des femmes dans ses rangs; chaque dimanche, on avait à la salle Taitbout le spectacle, alors étrange, de femmes qui siégeaient à titre d'égales à côté des hommes dont elles partageaient les convictions; mais on se taisait sur la question fondamentale du mariage, sur la question plus générale de la légitimité des rapports entre les sexes : cette face du problème moral n'était guère abordée que par le côté économique et, encore, avec la plus grande réserve.

Pendant leurs fiançailles, Élisa et Lemonnier avaient été amenés par l'état de leur propre cœur, et surtout par le sentiment des devoirs nouveaux que le mariage allait leur imposer, à s'occuper de ces grandes questions. D'accord avec Rességuier, qui était à Toulouse le chef de l'enseignement saint-simonien, Lemonnier fit, dans les premiers jours du mois d'août 1831, une conférence publique sur l'*Avenir de la femme*. La petite brochure qui reproduisit cette conférence, et dont plusieurs passages furent écrits par Élisa, fut envoyée à Paris, peu de jours avant le voyage qu'y firent les nouveaux époux, au commencement de septembre. Cet écrit, qui conclut en faveur du mariage tempéré par le divorce, fut un brandon de plus dans le collége saint-simonien, où l'on commençait à discuter, dans le secret de l'élaboration intime, la fameuse doctrine morale d'Enfantin : la théorie des *mobiles* et des *constants* ramenés à l'harmonie par l'intervention des *calmes*.

Bouffard, ami de la famille Grimailh, s'était chargé de communiquer ces théories aux nouveaux époux, dont on désirait connaître la première impression. Quelque précaution que prît Bouffard, Élisa, dès qu'elle eut compris, répondit par un cri d'indignation : « Cette doctrine, dit-elle, est une immoralité monstrueuse. »

Ce mot, le premier par lequel Élisa caractérisa la doctrine morale d'Enfantin, est demeuré toute sa vie l'expression invariable de sa pensée. Sur ce point, elle n'a jamais transigé ; l'âge et l'expérience avaient encore fortifié ses convictions.

Aussi, quelques mois plus tard, lorsque la question

morale, exposée par Enfantin devant tous les degrés réunis, eut amené le schisme, et, par suite, la dissolution de l'école, Élisa se rangea immédiatement, sans aucune hésitation, du côté de ceux qui se séparèrent d'Enfantin.

Il y eut alors entre les jeunes époux un déchirement cruel, Lemonnier, après avoir mûrement étudié le principe des théories nouvelles qui se résolvaient, en fin de compte, dans ce qu'on appelait alors « l'Appel à la femme, » c'est-à-dire dans la pure négation de la légitimité de la loi qui prescrit l'indissolubilité absolue du mariage, déclara que, sans adopter pour son compte la théorie des mobiles et des constants, il n'abandonnait point l'apostolat saint-simonien. Cette divergence sur un point aussi grave que le principe même du mariage fut pour Élisa et pour Lemonnier une dure épreuve. Quels efforts pour se convaincre mutuellement! quelles luttes intérieures! quelle douleur pour deux êtres jeunes, ardents, épris l'un de l'autre, que de se sentir opposés dans l'intimité même de l'amour qui les unissait.

« ... Mon ami, » écrivait, en juillet 1832, Élisa, demeurée à Sorèze, chez sa mère, pendant que son mari était encore à la rue Monsigny, « cette réunion dont tu parles, et que j'espère aussi, se fera-t-elle comme tu sembles l'entendre par mon adhésion aux idées que tu as adoptées? Je crains que tu ne sois dans l'erreur. Oui, mon Charles, Élisa sera forte, lorsqu'elle sentira, lorsqu'elle aimera l'œuvre à laquelle elle travaillera, mais jamais Élisa ne se pliera à faire ce qui répugne à son cœur, ce que son intelligence repousse ; elle se laisserait écraser, broyer s'il le faut, et souviens-toi de ma parole! plutôt que de ne pas obéir au cri de sa conscience, qui tous les jours devient plus net, plus clair et mieux senti par elle. O le bien-aimé de mon cœur, mon bon mari, ta femme serait prête aux plus grands sacrifices, mais pour moi l'apostolat, tel que vous le concevez et le pratiquez, est irréligieux... »

. Le schisme qui avait éclaté en novembre 1831, entre Bazard et Enfantin, fut le premier signal de la dispersion du centre saint-simonien ; la retraite à Ménilmontant, la condamnation en cour d'assises d'Enfantin, de Michel Chevalier et de Duveyrier, suivirent de près.

Lemonnier était rentré dans le monde, il avait repris et terminé ses études de droit, il était devenu avocat au barreau de Bordeaux. Fidèles aux convictions qui les avaient jetés dans le saint-simonisme, Élisa et lui commencèrent courageusement ce que Dickens a si bien appelé le combat de la vie. Tous deux avaient sacrifié à la propagande des idées nouvelles la meilleure partie de leur petit patrimoine, environ 50,000 francs, tout ce dont ils avaient pu disposer. Ils avaient perdu un premier enfant, ils en avaient un second, il fallait fonder la famille d'abord, puis conquérir l'indépendance si l'on pouvait.

Lemonnier plaida neuf ou dix ans à Bordeaux.

Cette période de sa vie fut celle où madame Lemonnier, enfermée dans le cercle étroit d'un petit ménage, déploya avec une admirable simplicité et une grande énergie toutes les vertus de la mère de famille. En attendant que la clientèle se formât autour du jeune avocat, il fallait vivre sur le capital bien modeste qui formait la petite réserve, il fallait faire bonne contenance, élever les enfants, faire face aux charges, et, comme le dit énergiquement le mot populaire : « nouer les deux bouts. » Ménagère active, couturière habile, mère tendre, vigilante et dévouée, Élisa se multipliait avec une ardeur infatigable. Sa douceur, sa gaieté calme, sa vivacité charmante, l'élégance modeste qu'elle entretenait de ses mains dans le petit inté-

rieur, soutenaient le courage et les forces de son
mari.

Elle avait tous les dévouements. Le 11 mai 1840,
elle écrivait au plus jeune de ses beaux-frères :

« Pourquoi, mon cher Hippolyte, pourquoi ne peut-on, par un grand
sacrifice, enlever à ceux qu'on aime, toutes les entraves d'une vie labo‑
rieuse et pénible, pour les faire arriver au bien-être? Cher ami, pour‑
quoi ne puis-je mettre sur mes épaules le fardeau qui pèse sur celles
de Charles, celui qui attend mon Paul et le tien? et puis aller là où
Dieu nous envoie quand nous cessons d'être ici-bas. Heureuse du bon‑
heur que j'aurais donné, je m'en irais en paix et en joie. Vain souhait
d'une âme qui souffre bien plus des ennuis de ceux qu'elle aime que
de ses propres douleurs !..... »

Dans son ardeur, elle eut, à cette époque, la pensée
d'ouvrir à Bordeaux un magasin de lingerie, mais le
préjugé ne permet pas, en France, que la femme d'un
avocat soit marchande publique, et cette généreuse
pensée fut sacrifiée.

Les occupations multipliées de cette vie modeste et
laborieuse, n'avaient point brisé chez madame Lemon‑
nier la tradition des sentiments généreux et des idées
d'amélioration qui avaient été le rêve de sa jeunesse ;
voici la réponse qu'elle fit, en 1841, à l'une de ses
amies, madame Angélique Arnaud, qui avait désiré
connaître ce qu'elle pensait du mariage.

Madame Angélique Arnaud, à Gannat (Allier).

Au Breuil de Verteillac, le 27 septembre 1841.

« Charles me transmet très-brièvement, ma chère Angélique, le
désir que vous lui avez manifesté d'avoir son opinion et la mienne sur
le mariage, sur le bonheur ou le malheur qui en est résulté pour nous ;
il vous a répondu, j'en suis sûre, de son côté, avec toute la franchise

qui le caractérise, il m'engage à joindre ma pensée à la sienne ; je le
ferai pour trois motifs : d'abord, parce que j'éprouve pour vous l'affection tendre et sainte qu'une même croyance, qu'un même dévouement
a fait éclore, ensuite parce que, comme vous, je me sens animée d'un
grand amour pour mon sexe, du besoin de lui être utile en l'éclairant
sur ses droits et sur son véritable bonheur ; enfin, parce que je suis sûre
que mon opinion ne sera pas en tout conforme à celle de Charles, et
que la vérité a besoin de toutes les lumières pour être bien connue. Je
puis si peu, et je voudrais pouvoir tant, que je me trouverais heureuse si ma pensée franche et entière peut vous venir en aide dans
l'œuvre que vous remplissez avec tant de dévouement.

J'envie, chère Angélique, d'une envie toute nouvelle et qui fait naître l'admiration, votre puissance, celle de Sand et de quelques autres
femmes, si heureusement douées, que reproduire leurs sentiments avec
grâce n'est pour elles et pour vous qu'un travail facile et doux. Soit le
manque d'habitude, soit le peu de facilité que Dieu m'a donnée, je sens
que je rends bien imparfaitement ma pensée, je demande donc votre
indulgence et compte sur votre intelligence pour compléter ce qui
manquera au développement de mes idées.

Quand Charles vous exprime son vif désir de vous voir parmi nous,
il vous transmet le souhait que nous formons souvent ensemble, parce
que l'un et l'autre nous sentons que nous retirerions de nos longues
et douces causeries bonheur et fruit ; tâchez-donc de nous venir voir
quelque jour ; en arrivant chez nous, vous serez dans une famille remplie de tendre affection pour vous et pour vos enfants.

Le bonheur, chère Angélique, me semble le mirage le plus ingénieux
de toute la nature, il revêt mille formes, les quitte pour en reprendre
de nouvelles, ne se lasse jamais dans sa variété, suivant l'âge, l'époque,
le caractère ou la nature des sujets qu'il appelle sans cesse à lui. Nos
souffrances tiennent beaucoup à ce que nous n'avons pas compris pratiquement encore cette grande et religieuse vérité, si triviale et si
ancienne pourtant : poëtes, philosophes anciens et modernes n'ont-ils
pas dit, avant nous, que chaque âge a ses joies, ses plaisirs ? mais
jamais, ni les uns ni les autres, n'ont cherché à connaître les devoirs
qui correspondent à chacun de ces âges et qui s'harmonisent avec les
plaisirs et les joies que chacun réclame. C'était peut-être là une rude
tâche, bien qu'au premier abord elle semble très-simple, puisqu'il
suffit de lire dans le grand livre de la vie humaine, sans cesse et à
toute heure ouvert devant nous. Malheureusement chacun a des feuillet
qu'il replie avec soin, honteux et confus des signes que la main du
diable lui a fait tracer ; voilà bien un peu ce qui nous gêne dans nos
recherches consciencieuses ; si toutes les femmes, ou bon nombre d'elles
au moins, étaient, chère Angélique, disposées, comme vous et moi,

à laisser faire un complet inventaire de leur cœur, à permettre qu'on assemble en un faisceau toutes les feuilles diverses que chaque époque passée a jetées dans le souvenir, une des grandes questions du bonheur de la vie serait peut-être éclaircie, et jetterait un grand jour sur nombre de points importants; mais comment persuader aux femmes, qu'être vraie est la plus belle de toutes les vertus, le plus noble de tous les devoirs, et, de tous les dévouements de l'époque, le plus grand? Comment donner aux hommes la foi en ces femmes, et leur faire accepter avec respect cette parole toute nouvelle et toute religieuse? Croyez-le bien, cette dernière tâche ne sera pas la moins difficile. A vous en partie cette noble mission! De la foi et du courage, car, sous vos fleurs jetées à pleines mains, vous pourrez bien souvent rencontrer de nombreuses épines.

Voilà deux grandes pages, chère Angélique, et je m'aperçois que je ne vous ai pas encore dit un mot du sujet sur lequel vous m'avez interrogée. Entrons donc en matière.

Je suis heureuse, chère amie, et très-heureuse par le mariage : j'en goûte les douceurs bien plus que Charles; ma vie en est bien plus satisfaite que la sienne. Le bien ineffable que répand sur tout mon être la douceur d'avoir toujours là, près de moi, un être qui m'aime, me comprend, connaît ma vie dans tous ses détails, dans le sein duquel je verse peines et plaisirs, qui donnerait sa vie pour notre cher enfant, qui désire et espère une occasion pour travailler au bonheur de tous, qui porte les mêmes préoccupations que moi, et qui est lié par le même intérêt matériel, tout cela compense largement pour moi la monotonie, le refroidissement de passion qui résultent d'une vie à deux, monotonie qui pourrait bien trouver son explication aussi dans la vie telle que la société l'a faite aujourd'hui, soit dans le peu de fortune que nous avons, soit dans l'isolement intellectuel auquel nous sommes condamnés dans une ville où nos idées ont été si peu goûtées, soit même dans cette loi universelle qui fait que nulle condition humaine n'est exempte de soucis, de souffrances, et que le bonheur enfin n'est et ne sera jamais sans taches.

La vie passionnée de l'ardente jeunesse a ses charmes, elle a ses douleurs aussi; j'ai passé par là, et je donne la préférence à la vie calme du mariage. Je ne le trouve si bon, peut-être, que parce que toute autre forme d'union aujourd'hui est entachée d'immoralité et de déconsidération, il me semble, pourtant, que toujours le mariage, fait dans des conditions morales, aura surtout pour l'âge mûr des douceurs que nul autre état ne pourrait donner. D'ailleurs les soubresauts d'une vie changeante, l'isolement qui en résulte parfois, sont des souffrances bien réelles..... et puis les enfants? la famille?

Je me repose donc dans le mariage, chère Angélique, et je m'y trouve

parfois si bien, que je me demande si je ne prends pas en ce monde
ma part des joies que le christianisme nous promet dans le paradis.
J'en rends grâce à Dieu, tout en lui demandant qu'il me conserve cette
affection de Charles qui est le fondement de toutes mes joies, et la santé
de mon Paul.

N'allez pas croire pourtant que tout ce bonheur soit sans nuages, et
qu'il n'ait pas ses imperfections, sachez que parfois mon imagination
toujours active demanderait des aliments nouveaux pour raviver la vie,
en nous redonnant des joies plus jeunes et un peu regrettées ; mais
j'ai bien appris, Angélique, que tout âge a ses plaisirs incomplets, ses
désirs incessants, ses privations qui deviennent des *devoirs*, et que,
satisfaire ou se laisser aller à toute fantaisie, sans frein ni limite, n'est
pas notre condition sur cette terre, n'est pas une vie religieuse et
compatible avec l'association.

Charles me dit que vous vous étonnez de voir que votre roman de Clémence a si peu occupé les journaux et la critique ; où chercher la cause
de cette indifférence du public lettré et par suite du public ordinaire ?
N'est-ce pas un peu dans l'abondance de ce genre de publications, dans
le dégoût si général des choses qui tiennent à l'esprit ? Plus la récolte
est abondante, moins on l'estime.

Un roman, aux formes excentriques, aux accents nouveaux, avec
de tranchantes aspérités, aurait-il plus de succès ? Je le pense ; bien
que le roman ne soit jamais qu'une fleur dont on savoure le par-
fum et qu'en jouant on effeuille, il laisse peu de traces, si le drame ne
saisit fortement l'esprit. On dirait que notre vie, dont la marche
accélérée parcourt le sol sans y laisser d'empreinte, a besoin
d'être frappée fort pour ralentir sa marche et prêter une oreille
attentive à ceux qui lui annoncent un meilleur avenir et des lois nouvelles.

L'action dramatique du roman doit être saisissante de moralité nouvelle, plus encore que le langage des personnes qui s'y groupent pour
former le tableau ; que de femmes, que d'hommes qui tournent le
feuillet quand l'action se ralentit. On veut en tout et partout un mouvement rapide, étourdissant.

Revenons, chère Angélique, à Clémence, qui méritait mieux que les
quelques éloges de vos amis ; son style est coulant, gracieux, rempli
de poésie, il y a des scènes admirablement tracées et qui révèlent la
main d'un maître habile.

J'aurais désiré cependant, chère Angélique, vous voir moins préoc-
cupée dans Clémence, du héros, et surtout de la leçon à donner par ce
portrait si peu vrai, tant il est et a été exceptionnel.

...... Clémence, belle, fière, indépendante et pure, telle vous l'avez
faite, eût été plus goûtée, si son âme, grande et forte comme celle de

Louise, eût eu la puissance de moraliser son farouche et sauvage amant; la tâche à lui imposer était cette conversion, il fallait faire ployer le principe nouveau devant l'ancien. Faites donc écraser la tête du serpent par la femme, au lieu de la laisser mourir d'impuissance et de découragement à la remorque d'un vieux principe usé!

A notre point de vue, la souffrance morale ne doit amener la mort que chez les êtres d'une trempe inférieure; nos héros de romans ne devraient jamais, ce me semble, finir de cette manière; types, ils sont chargés de nous montrer le point le plus élevé de la perfection ; si le brisement d'une vie intéressante. est nécessaire à l'action du drame, trouvez un moyen qui ne froisse pas le sentiment moral et religieux, et ne flétrissons pas les caractères les plus grands par un manque de confiance en Dieu. Ne les faisons pas manquer à l'œuvre.

Voilà, chère Angélique, une bien longue lettre, je sens pourtant qu'il y aurait encore bien des choses à dire ; pourquoi sommes-nous si loin ? Nous aurions tant de bonheur à être souvent ensemble, à assister aux réunions de nos enfants, à voir les jeunes personnes qui vous entourent puisant près de vous la dignité et la force nouvelle ; c'est là une œuvre qui a bien son mérite et son charme: pourquoi donc avez-vous parfois du découragement? Votre vie est si bien et si dignement remplie ; vous devriez être bien satisfaite. Tâchez de faire un effort et venez nous voir. M. Brothier, que vous connaissez, va venir, je pense, s'établir à Bordeaux avec sa famille ; le cercle serait complet, et nous aurions de douces journées.

Je suis à la campagne dans le Périgord depuis un mois et demi. — Je compte rentrer dans une quinzaine auprès de Charles; il me tarde fort, bien que le grand air ait pour moi un grand charme. Mon fils Paul est avec moi, de nuit seulement, le jour il vagabonde avec ses cousines comme un paysan, c'est presque un repos complet de son petit cerveau que nous ménageons pour ne pas l'user.

Adieu, chère Angélique, je vous quitte pour écrire deux mots à Charles. Aimez-nous autant que nous vous aimons.

Votre amie bien dévouée,

ELISA LEMONNIER. »

A la fin de 1845, d'anciens et bons amis, MM. Pereire, offrirent à Lemonnier la direction contentieuse du chemin de fer du Nord qui allait s'ouvrir. Le désir de hâter le moment où l'avenir de la famille serait fondé, où l'indépendance de sa femme et la sienne serait assurée;

la douleur profonde où la perte récente d'une petite
fille, leur troisième enfant, avait plongé sa femme, dé-
cidèrent Lemonnier à sacrifier la position honorable
qu'il s'était faite à Bordeaux.

La vie de Paris fut longtemps pour Élisa pareille à la
vie de Bordeaux : même économie, même retraite,
même obscurité, même labeur, même intérieur calme
et modeste, mais aussi même bonheur.

La révolution de 1848 éclata : du soir au lendemain
le travail s'arrêta dans Paris, des milliers d'hommes et
de femmes demeurèrent sans ouvrage. Le cœur généreux
de madame Lemonnier s'émut; aidée de quelques amies
qui, depuis, n'ont cessé de lui prêter un concours dévoué,
elle créa un atelier de couture, loua, ou se fit prêter un
local rue du Faubourg-Saint-Martin, soumissionna, au
nom de cet atelier, une entreprise de fournitures pour les
hôpitaux et pour les prisons, fit les avances, acheta la
toile, tint les comptes, distribua, surveilla, fit rentrer,
et livra l'ouvrage, déploya une incroyable activité, et
eut, en fin de compte, le bonheur d'avoir fourni, pendant deux mois, du travail à plus de deux cents mères
de famille. Le succès de cette petite opération, dans la
conduite de laquelle Élisa fit voir un rare talent d'administration, la remplit de joie ; dès six heures du matin
elle courait à l'atelier, distribuant et recevant le travail,
patiente, active et bonne; à peine trouvait-elle le temps
de prendre un peu de repos et de nourriture.

Ce fut précisément cette circonstance qui fit naître
chez madame Lemonnier la première pensée de la fondation d'un enseignement professionnel pour les femmes.
Coudre des paillasses n'est assurément pas un travail
délicat, ni bien difficile; peu de femmes, cependant,
parmi les ouvrières improvisées qui, en quelques jours,

entourèrent madame Lemonnier purent s'en acquitter
d'une façon tout à fait satisfaisante ; la gaucherie et
l'inhabileté du plus grand nombre firent voir combien
est rare parmi les femmes de Paris le talent de la couture que chacune pourtant devrait posséder. Dès ce
moment, Élisa résolut de consacrer ses efforts à l'éducation et à l'instruction des filles.

Nous avons sous les yeux les statuts imprimés d'une
société des *Travailleuses-unies,* en tête desquels le nom
de madame Lemonnier se trouve inscrit parmi les prin-
cipales fondatrices. L'objet de cette société n'était pas
très-clairement défini ; on voulait, à la fois, créer un
centre de travail, constituer un fonds d'épargne, former et instruire des apprenties ; ce projet n'a pas eu
beaucoup de suite.

Un peu plus tard, madame Lemonnier s'occupa de la
fondation d'une crèche ; elle vit et étudia les crèches
établies à Paris, elle parvint même à réunir quelques
fonds qui furent rendus aux souscripteurs, le projet
n'ayant pu passer à l'exécution.

C'est au milieu de ces tentatives que les événements
de décembre 1851 vinrent donner à madame Lemonnier
l'occasion de faire un acte de courageux dévouement
dont la plupart de ses amies n'eurent pas même con-
naissance.

Au premier coup de fusil, l'horreur de la guerre civile s'empara d'elle. En sortant de Sainte-Barbe, où elle
était allée s'assurer par elle-même que son fils aîné ne
courait aucun péril, elle alla trouver une amie intime,
femme, aujourd'hui veuve, d'un de nos chimistes les
plus éminents, elle lui communiqua son projet : les
voilà toutes les deux parties pour l'archevêché. Elles
demandent monseigneur Sibour ; ce n'est point le jour

des audiences ni l'heure ; un grand-vicaire s'offre à les recevoir, elles insistent et demandent qu'on fasse savoir à l'archevêque que deux dames protestantes réclament la faveur d'être reçues pour affaire de la dernière urgence.

La porte s'ouvre : Mgr Sibour paraît.

« Monseigneur, disent-elles d'une voix émue, le sang a coulé dans Paris, il coule encore ! nous sommes femmes, épouses, mères de famille, nous voulons étouffer la guerre civile ; nous venons demander votre aide, et chercher votre assistance. Rendez-vous à Notre-Dame, assemblez votre clergé, prenez vos habits de fête, déployez vos bannières, faites briller vos croix : nous, femmes de Paris, de tout âge, de toute fortune, de toute condition, nous marcherons avec vous, nos enfants par la main ; tous ensemble, femmes, enfants et clergé, nous irons à la rencontre des troupes, nous verrons bien si des soldats français osent tirer ! »

Cette proposition faite avec calme par deux femmes, l'une déjà d'un âge mûr, l'autre plus jeune, belles toutes les deux, toutes deux gracieuses, dignes et fières, surprit fort le prélat. Il fit des objections auxquelles, sans hésiter, répondirent les deux femmes héroïques : « elles étaient prêtes, elles avaient prévu et mesuré le danger, leurs maris approuvaient leurs desseins, elles étaient dix, mais toutes les femmes de Paris marche-raient avec elles. »

Tout fut inutile, Mgr Sibour ne voulut pas jouer le rôle de saint Ambroise.

Cependant la pensée d'où devait sortir dix ans plus tard la fondation des écoles pour l'enseignement pro-fessionnel des jeunes filles, ne quittait point madame Lemonnier, et mûrissait lentement dans sa tête, et sur-tout dans son cœur. Elle avait à un haut degré le sen-

timent de la dignité féminine ; profondément attachée à la sainteté de la famille et du mariage, elle
comprenait clairement en quoi pèche aujourd'hui l'éducation, même la plus complète, donnée aux femmes ;
sans se perdre jamais dans les stériles discussions qui
depuis vingt-cinq ans s'agitent sur la vaine question
de l'égalité des sexes, Élisa sentait par l'expérience de
toute sa vie que les femmes pouvaient par l'éducation
et par l'instruction faire un pas considérable. C'était
chez elle une conviction inébranlable que les bonnes
mères font les bonnes familles, et que la moralité sociale n'est, après tout, que le fruit de la moralité
des familles. Sa pensée s'arrêtait, surtout, avec une
tendre commisération sur les jeunes filles de la classe
pauvre, et, même, de la classe moyenne, obligées, si
jeunes d'aller, au péril de leur santé morale, chercher
hors de la famille, parmi les dangers sans nombre de
l'atelier, l'instruction professionnelle. Elle se demandait,
sans cesse, pourquoi les femmes, auxquelles le hasard de
la naissance a donné le bienfait d'une vie abritée par
l'aisance, ne prendraient point l'initiative d'une grande
amélioration. Fonder une société de femmes, adminis-
trée par des femmes, ayant pour objet d'assurer aux
jeunes filles sans fortune le bienfait d'une instruction
professionnelle, étendre peu à peu le cercle des occupations féminines qui peuvent assurer l'indépendance
et la dignité de la femme, s'attacher de préférence à
celles qui n'enlèvent pas la mère aux enfants, ce fut dès
ce temps la préocupation habituelle de madame Lemonnier, elle en parlait constamment à ses amies.

Dès 1852, quelques dames dont les noms se retrouve-
raient sur les listes de souscription de la Société pour
l'enseignement professionnel des femmes, s'étaient ré-

unies à madame Lemonnier pour payer la pension de deux jeunes filles, qu'une femme généreuse, Mlle Hillebrand, avait prises, à des conditions exceptionnellement favorables, dans la belle institution qu'elle a fondée et qu'elle dirige depuis vingt ans à Rœdelheim près Francfort-sur-Mein : peu à peu ce petit groupe s'était grossi, une troisième élève avait été reçue par mademoiselle Hillebrand, et le 2 mai 1856, dix-huit dames, réunies dans le salon de madame Lemonnier, arrêtaient la fondation de la *Société de protection maternelle.*

Pour montrer combien furent modestes les commencements de l'œuvre à laquelle on peut dire que madame Lemonnier a donné sa vie, quelle persévérance, quel dévouement opiniâtre durent déployer les fondatrices, il suffit de rappeler que le minimum des souscriptions était de 1 fr. 25 c. par mois, soit 15 francs par an, « sans néanmoins, » ajoute avec une naïveté touchante le prospectus que nous avons sous les yeux, « qu'une limite soit posée ; dès le début, il y a eu des souscriptions de 100, de 50 et de 25 francs. »

Voici du reste en quels termes précis et simples, six ans plus tard, au moment où la *Société de protection maternelle* allait se transformer, madame Lemonnier traçait elle-même l'histoire de ces premières années.

« Il existe depuis 1856 » disait-elle, aux personnes réunies pour fonder avec elle la société nouvelle, sous le nom de *Société de protection maternelle,* une réunion de dames et de demoiselles qui s'est proposé de fournir gratuitement au plus grand nombre possible de jeunes filles pauvres l'éducation et l'instruction professionnelle. Sept jeunes filles ont été instruites par les soins de cette réunion, il en reste une encore à sa charge. Nous sommes heureuses de saisir cette occasion de rendre hommage au désintéressement et au dévouement avec lesquels mademoiselle Marie Hillebrand, à Francfort-sur-Mein, mesdames Ch. Thiébault et Babin, à Paris, ont mis à la disposition de la société les institutions qu'elles dirigent.

» Pendant ces six années, le total des dons et cotisations, y compris le produit de deux ventes de bienfaisance et de deux loteries s'est élevé à. .   .   .   .   9,830 fr. 20 c.

La dépense pour les sept élèves, dont les noms sont portés sur les livres, monte à 7,001 20

Il reste en caisse . .   .   .   1,349 »

Il a été placé en rentes sur l'État .   .   1,480 »
                                           ―――――――
                                           9,830 20

» Dans cette situation, continue le procès-verbal que nous transcrivons, un grand nombre ont pensé que le moment était venu de transformer la *Société de protection maternelle*, d'agrandir la sphère de ses opérations, de la constituer sur des bases nouvelles, et de lui donner pour objet : 1° la fondation et l'entretien à Paris d'une école professionnelle pour les jeunes filles ; 2° la création d'un cours destiné à préparer aux divers emplois du commerce les jeunes filles adultes qui veulent suivre cette carrière, et pour lesquelles aucune institution spéciale n'a encore été fondée jusqu'à ce jour..... »

L'exécution suivit de près ; c'était à la fin de mai 1862 que madame Lemonnier tenait ce langage, et le 1er octobre suivant la Société de protection maternelle était devenue la *Société pour l'enseignement professionnel des femmes*, un local était loué, sous le nom de madame Lemonnier, rue de la Perle, 9, le programme des cours était arrêté ; une femme d'une grande expérience, d'une instruction étendue et variée, mademoiselle Marchef Girard, acceptait la direction de la nouvelle école, surveillait avec zèle tous les détails de la première installation, et inscrivait elle-même les quinze premières élèves. Le succès fut rapide. Les familles comprirent vite la pensée généreuse qui ouvrait à leurs enfants les trésors d'une instruction solide, et d'une éducation sérieuse. Deux mois plus tard, cinquante élèves étaient assises sur les bancs de la nouvelle école; en juillet, quatre-vingts suivaient les cours. Un atelier de couture était fondé. M. Aimé Pâris, avec un désintéressement qu'on ne peut trop louer, ouvrait

gratuitement des cours de musique, suivant la mé-
thode à laquelle Galin, Chevé et lui, laisseront leurs
noms.

L'élan était donné, et ne devait plus s'arrêter. Tant et
de si longs efforts trouvaient leur récompense ! Pendant
le cours de la deuxième année, le nombre des élèves
s'élevait à cent cinquante, et l'appartement de la rue de
la Perle devenait trop étroit. Heureusement le zèle des
dames de la société, et les ressources de l'association
s'étaient accrus avec le succès; grâce au concours d'un
grand nombre de personnes généreuses, la société fut
en mesure de transporter l'école rue du Val-Sainte-
Catherine, 23 [1], dans un grand local où un vaste jardin
donne aux cent soixante-cinq élèves qui fréquentent
en ce moment l'école, l'air et l'espace nécessaires.

Le zèle du conseil d'administration ne s'est pas arrêté
là ; plusieurs quartiers demandaient qu'on créât pour
eux des écoles pareilles à la première, on courut au plus
pressé, et le 25 octobre 1864, madame Lemonnier eut
la joie d'ouvrir rue Rochechouart 72, une seconde école,
à la direction de laquelle une des dames de la société,
madame Clarisse Sauvestre, a bien voulu se consacrer.

Le programme des études est à peu près le même
dans les deux écoles : des cours généraux qui durent
trois ans, et que suivent toutes les élèves : langue fran-
çaise, arithmétique, histoire, géographie, notions élémentaires d'histoire naturelle, de physique, de chimie
et d'hygiène, dessin linéaire et dessin d'ornement,
écriture, musique vocale.

Des cours spéciaux: cours de commerce, tenu des
livres, application de l'arithmétique aux opérations

1. Aujourd'hui rue de Turenne.

commerciales ; éléments de droit commercial , cours d'anglais, cours de dessin industriel.

Puis des ateliers : atelier de couture et de confection, atelier de gravure sur bois, un atelier de peinture sur porcelaine. L'atelier de couture et de confection est le seul qui existe encore rue Rochechouart.

Outre les cours dont on vient de parler, les dames de la société ont institué des lectures hebdomadaires qu'elles viennent faire aux élèves à tour de rôle. Ces lectures, qui sont très-goûtées, donnent lieu à des causeries, où les aptitudes, les goûts, les inclinations des enfants, se révèlent, se redressent ou se fortifient. L'éducation religieuse est scrupuleusement laissée aux familles ; l'admission d'élèves appartenant indistinctement à tous les cultes n'amène aucun trouble, les élèves pratiquent toutes le respect le plus grand pour leurs croyances respectives.

La rétribution payée par les enfants est de 10 francs par mois ; ce prix peu élevé, si l'on regarde au nombre et à la variété des cours, ne dépasse point la moyenne des prix ordinaires. Les dames de la société n'ont voulu faire ni de la concurrence ni de la gratuité ; elles tâchent de tenir leurs écoles dans des conditions de durée, de façon à ce qu'elles se soutiennent et se suffisent à elles-mêmes ; les profits que l'on pourra faire dans certains quartiers pauvres, combleront les sacrifices qu'il faudra supporter ailleurs. Des bourses, des demi-bourses, des quarts de bourses, distribuées par le conseil avec une grande réserve, permettent d'aider les familles trop pauvres ou trop chargées pour pouvoir, même dans ces conditions de bon marché, profiter du bienfait des écoles nouvelles.

Au reste, le caractère des écoles fondées par madame

Lemonnier n'est point seulement d'être à peu près exclusivement professionnelles, ceci est le côté économique de l'institution ; c'est le côté d'utilité pratique par lequel elle frappe d'abord l'attention. Mais ceux qui aiment et qui pensent, les bons esprits et les bons cœurs reconnaissent bien vite l'idée généreuse qui a créé la société.

Toute sa vie Élisa eut le sentiment profond de la dignité de la femme, l'aversion, instinctive d'abord, puis réfléchie que lui inspirèrent toujours certaines théories excessives, ne peut se comparer qu'à l'ardeur avec laquelle elle comprenait, défendait, et faisait valoir les droits de son sexe. Mieux que personne, elle avait mesuré la faiblesse des femmes, leur ignorance profonde, le poids des chaînes dont les lient non-seulement les vices des hommes, mais les fausses vertus qu'on demande à la femme. Elle avait toujours eu le désir très-vif et très-avoué de donner pratiquement aux femmes l'occasion et le moyen de faire preuve d'énergie, de capacité, d'initiative. Au lieu de revendiquer brusquement l'égalité, pourquoi ne pas occuper, sans lutte et sans fracas une place laissée libre ? pourquoi ne pas créer une institution toute féminine ? En créant la Société pour l'enseignement professionnel des femmes, Élisa savait donc très-bien qu'elle faisait une œuvre sociale ; elle voulait appeler les femmes à l'action, sans pourtant les faire sortir des attributions que l'opinion semble déjà leur reconnaître.

Elle avait toujours cru qu'une honnête femme vaut bien un honnête homme. Elle comptait bien que le jour où les bienfaits de l'éducation et de l'instruction, aussi libéralement répandus sur les filles que sur les garçons, laisseraient aux qualités propres à la femme

tout leur développement, la seule émancipation possible pour la femme (s'il faut encore employer ce
mot !) la seule que puisse souhaiter une femme honnête et raisonnable, la seule à laquelle madame Lemonnier ait jamais prétendu pour elle et pour les autres,
se réaliserait sans trouble, sans secousse, sans aucun
apparat révolutionnaire, par une pratique simple, modeste, des vertus et des qualités féminines.

« Dans quinze ans, disait souvent madame Lemonnier, nos jeunes-filles seront devenues des mères de
famille; elles élèveront leurs fils mieux que nous n'a-
vons élevé les nôtres. Le souvenir de nos efforts, des
exemples que nous tâchons de leur donner, vivra dans
leur pensée; les habitudes de dignité personnelle, d'estime et de respect de soi qu'elles auront prises, forti-
fieront toute leur vie. Fonder de bonnes écoles pour
les filles, c'est assurément faire œuvre maternelle,
mais c'est aussi reprendre la société en sous-œuvre. »

Aussi, admirablement aidée et comprise par ses amies,
veillait-elle avec un soin extrême à la direction morale
des écoles. La tolérance, le respect de soi et des autres,
le dévouement, la sincérité, la fraternité, et par-dessus
tout la haine de l'oisiveté et la glorification du travail
sous toutes les formes, c'est le fond même de l'éducation donnée dans les écoles. Toutes les paroles, tous les
actes, on pourrait dire tous les gestes de madame Lemonnier, respiraient cette haute et saine moralité.

Tel était le secret de l'émotion que sa présence ne
manquait jamais d'exciter dans les rangs des jeunes
filles. Comme leur jeune cœur avait bien senti la tendresse sérieuse que leur portait Élisa ! Avec quelle avi-
dité elles écoutaient les petites allocutions que de temps

à autre elle leur adressait avec tant d'émotion. Quel échange de pensées et de sentiments! Quel empressement à donner, quelle ardeur à recevoir, on pouvait lire, à la fois, et dans les doux yeux des enfants, et dans les regards tendres aussi, mais, en même temps, sérieux et graves de celle qui se plaisait à les appeler ses filles !

Ce fut assurément une grande joie pour madame Lemonnier que ce succès rapide des écoles qu'elle venait de fonder. Sa pensée était comprise et accueillie ; des femmes dévouées s'associaient à son œuvre avec une ardeur égale à la sienne : son rêve devenait une réalité. C'était le fruit de sa vie qu'elle voyait mûrir, l'accomplissement de son unique ambition, la récompense de quatorze ans de labeur et de persévérance. Mais ce bonheur ne devait pas être long ! Sa santé, toujours demeurée délicate depuis la maladie qui l'avait frappée dans sa première jeunesse, était profondément altérée. Les efforts qu'elle avait dû faire, pendant les dernières années, avaient depuis longtemps dépassé la mesure. Son mari, ses enfants, sa famille, ses amis, étaient inquiets. Les médecins prescrivaient le repos ! mais quel repos pouvait prendre ce cœur infatigable?

Depuis quelques années, elle allait passer la belle saison dans le Midi. Elle y possédait à deux lieues de Sorèze, à quatre lieues de la Sabartarié, une petite propriété, retraite modeste où elle se plaisait à surveiller, à diriger les travaux des champs, aimée des paysans dont elle soignait les malades, dont elle envoyait les enfants à l'école, lorsqu'elle ne leur donnait pas elle-même des leçons de couture et de français. Mais ces retraites à la campagne étaient plutôt un changement d'occupations qu'un vrai repos; les travaux des champs l'attiraient, le soin qu'elle prenait de les suivre, devenait une nouvelle fatigue. Seulement le soir, lorsque la journée finie, le silence se fait peu à peu, dans les champs, à l'abreuvoir, dans les étables, au moment où la lune éclairait doucement les cimes lointaines de ces montagnes qu'elle aimait, assise, tantôt seule, tantôt en compagnie de ses frères, de Louise, sa sœur bien-aimée, ou de quelques amies, au milieu du jardin dont elle avait dessiné les gazons, parmi les fleurs qu'elle se plaisait à soigner de ses mains, elle élevait son cœur, elle pensait aux absents : à son mari, et à ses deux fils que le travail retenait loin d'elle ; à ses amies, à ses chères écoles, rêvant plus au bien qui lui restait à faire qu'au bien qu'elle avait déjà fait !

Il y a deux ans, l'affaiblissement toujours plus grand de la santé de madame Lemonnier rendit ses absences plus fréquentes et plus longues. Après avoir pris, au printemps de 1863, les bains de Bourbonne et passé l'été et l'automne, en partie aux bains d'Ax, en partie, suivant sa coutume, à Montpinier, elle dut chercher dans la station thermale d'Amélie-les-Bains, le climat sec et chaud qui lui était nécessaire.

Ces longues absences qui la séparaient de ses enfants, de son mari, de ses amies, de ses écoles, étaient pour son cœur de rudes épreuves ; elle tâchait d'en diminuer les ennuis par une correspondance active, où, malgré ses souffrances, elle se montrait active et gaie :

« Mon cher bien-aimé » écrivait-elle, en novembre 1863, à son second fils, « je vois avec beaucoup de plaisir que tu saisis toutes les occasions pour me donner de tes nouvelles, j'en ai besoin; il y a des moments où je ne crois pas possible de vivre si longtemps loin de la famille. Si je n'avais la compagnie de cette excellente Mailly, avec laquelle nous

nous entendons si bien, j'affirme que je n'aurais pas le courage de me priver du seul bonheur que j'aie en ce monde.

Nous faisons tout ce qu'il faut pour nous distraire. Je t'ai dit, je crois, cher enfant, que nous avions une petite école deux fois par jour; c'est Mally qui fait le plus souvent la classe, quelquefois Pierre ou Rose la font aussi; tu vois que nous avons institué des professeurs...

Nous préparons activement nos effets d'hiver, et nous avons une lessive grosse comme une montagne, faite hier par une pluie des plus fortes; aujourd'hui le vent du nord-ouest souffle; les paysans disent qu'il va chercher le froid; je le préférerais à cette vilaine pluie..... Mally et moi sommes comme de vraies paysannes, chaussées de gros sabots; nous venons d'essayer d'affronter le vent, j'étais si couverte et si lourde que par moment Mally me conduisait par la main... »

Ce repos que madame Lemonnier achetait si cher ne suffisait pas. Rien ne pouvait arrêter l'activité de sa pensée, ni tempérer l'ardeur de son dévouement; ses matinées se passaient à écrire de longues lettres où elle versait, sans compter, les trésors de son esprit et de son cœur.

« La route ne m'a point paru longue » écrivait-elle de Firmy (Aveyron), le 6 juillet 1864, à l'une de ses jeunes amies les plus tendres et les plus dévouées, mademoiselle Julie Toussaint; « si je ne dormais point je pensais à l'école, à vous, à toutes; il me semblait, ma chère Julie, que nous vous avions toutes accablées de recommandations..... Je me reproche d'être celle qui ai le plus demandé. J'ai beau me dire qu'on ne demande qu'à ceux qui ont beaucoup à donner, je sens que la tâche que nous vous laissons est un véritable fardeau, et qu'il sera heureux pour la société de trouver votre secours et aussi votre expérience pratique.... »

Puis, quelques mois plus tard, dans une autre lettre à la même amie :

« ... Voici la rentrée : moment toujours très-solennel, moment de reprise, de vigueur, de retour sur le passé pour mieux faire dans le présent. J'espère que vous portez votre attention sur l'organisation de l'atelier; songez, chère amie, que c'est là le véritable noyau de notre affaire. Toute école professionnelle doit devenir par la suite une

maison industrielle, il faut qu'elle vive et grandisse avec son propre
revenu... Que n'ai-je trente ans, la santé, avec la liberté que j'ai ac-
quise! Je ne m'épargnerais pas pour tâcher d'éclairer la question.... »

Un autre jour elle s'attache à mettre en lumière le
caractère spécial des écoles professionnelles :

« ... Donc il serait utile qu'une des nôtres fît pour la question de
l'enseignement professionnel ce que mademoiselle Daubié a fait pour
les questions qu'elle a traitées dans ses Conférences ; elle savait ! Nous,
nous sommes sur un terrain nouveau ; pas de routes frayées ; il faut
tracer le sillon nous-mêmes. La recherche des états les plus avanta-
geux pour les femmes, devrait être pour notre société une préoccupation constante... Nous avons à faire ressortir l'utilité du cours de
commerce, qui n'est pas encore assez sentie par les familles. Il faudrait,
puisque nous avons trouvé dans la presse tant d'amis de bonne volonté,
qu'on fît quelques articles spéciaux sur l'utilité de cet enseignement,
qu'on le montrât comme une carrière ouverte aux jeunes filles. Bientôt
toute institution pour les demoiselles aura son professeur de commerce ;
toutes les familles voudront terminer l'éducation de leurs filles par
un enseignement qui donne de l'ordre et de la rectitude à l'esprit, qualités qui manquent généralement dans l'éducation féminine. La femme
la plus riche doit savoir administrer ; toute mère doit pouvoir devenir
chef de famille... »

La discipline et le bon ordre qu'elle avait remarqués
dans certains ouvroirs dirigés par des congrégations
religieuses l'avaient frappée, elle engage ses amies à
étudier ces établissements :

« ...Je voudrais bien que vous fissiez toutes les trois, toutes les quatre
même, visite à cet ouvroir... Vous y verrez, quoi ? Des enfants qui tra-
vaillent, et partout ordre et propreté ; tout le monde peut se figurer
cela ; mais c'est le moyen de l'y mettre que ne peut révéler une simple
visite. Il faudrait passer quelques jours au milieu de ces dames, et
avoir la permission de mettre l'œil partout. A tout prendre, ces dames,
les religieuses, ne changent point de sexe en prenant leur guimpe,
par conséquent ce qu'elles font nous devons pouvoir le faire. . . .
 . . . .
Il y a un degré de moralité plus élevé encore, c'est de travailler avec

autant de cœur pour le bien général, sans autre retour que le conten-
tement de soi-même et la satisfaction d'accomplir un grand devoir.
Pourquoi dé-espérerions-nous de trouver les vertus civiques chez la
femme laïque, chez la mère et l'épouse? C'est la vertu nouvelle que
nous devons acquérir : vivre pour la société autant que pour la famille,
il n'y a qu'à le sentir pour pouvoir le faire; et nous le ferons! Vous
dites : Oui! Je suis sûre que madame ****, madame***, madame **,
et toutes les autres diront : oüi! Nous y arriverons donc! Il faut bien
voir chez les autres, aussi profondément et aussi clairement que possible, et puis c'est dans nos cervelles qu'il faut chercher le moyen d'arriver au but!... »

C'est ainsi que, de près ou de loin. madame Lemonnier suivait tous les détails, pourvoyait à tous les besoins, levait les difficultés. prodiguait à ses amies les
conseils, l'assistance et l'encouragement. Elle s'inquié-
tait peu de ses souffrances personnelles, et lorsque,
épuisée par de longues heures de travail, elle levait ses
beaux yeux chargés de fatigue, on voyait bien, à la
grave et profonde sérénité de son regard, qu'elle s'était
vraiment donnée toute entière. et que peut-être le sacrifice d'elle-même était déjà fait.

Les médecins lui imposèrent le même exil deux ans
de suite; elle ne passa guère en 1864 que trois mois à
Paris; mais pendant ces trois mois, quelle activité, quel
dévouement, quelle assiduité, quelle vigilance! Elle
sentait pourtant ses forces diminuer, et voyant autour
d'elle les cœurs généreux, les intelligences élevées qui
l'entouraient de leur aide et de leur affection, elle son-
geait par fois à prendre vraiment du repos. et, se tour-
nant vers ses amies : « J'ai fait mon œuvre, moi, disait-
elle, c'est à vous de la prendre et de la continuer. Je
jouirai du bien que vous ferez, vos succès seront toujours les miens. »

Ame intrépide, cœur vaillant et dévoué, elle ne
devait point jouir de ce repos où elle aspirait; la mort

devait la prendre sur la brèche, et la frapper en plein
travail !

Après avoir courageusement et gaiement surveillé
elle-même, à Montpinier, les vendanges de l'an passé,
elle était retournée dès les premiers froids dans
cette retraite d'Amélie-les-Bains, où la tendresse dévouée d'une amie bien chère, d'une fille plutôt, sa
bien-aimée Caroline, l'entourait de tant de soins et
d'amour. Mystérieux enchaînement des choses de la vie !
Revenue pour la première fois à la Sabartarié, quarante
ans après l'avoir quittée, Élisa y retrouve, dès la première visite, dans la belle-fille de l'amie qui l'avait
élevée, une autre amie, non moins tendre, non moins
dévouée ! Rare et subite intimité de deux âmes dont on
peut dire qu'elles se pénétrèrent à l'instant même où
elles se touchèrent ! Consolation précieuse pour ce
grand cœur qui ne se lassa jamais d'aimer, pas plus que
son active et haute intelligence ne se lassa de penser et
d'agir ! Quelle douceur et quelle amertume aussi, dans
ce souvenir d'une amitié si récente, si profonde, si
complète dès le premier jour, et sitôt brisée... non
point brisée, mais si rudement éprouvée par la mort !

Élisa quitta les bains d'Amélie, le 8 avril 1865. Elle
venait d'embrasser pour la dernière fois son cher Paul,
son fils aîné, qui avait pu dérober quelques jours à ses
affaires pour les donner à sa mère bien-aimée. Elle revint à petites journées, s'arrêtant la nuit à Castelnau-
dary, passant une autre nuit et quelques heures du
jour à Bordeaux, où, pour la dernière fois aussi, elle re-
çut les embrassements d'un frère et d'une amie bien
chers.

En rentrant à Paris, elle était plus fatiguée, plus
abattue qu'à son départ ; la diminution de ses forces

était visible; son mari, ses amies le remarquèrent et en
furent très-inquiets. Pourtant la joie de retrouver son
mari, son cher Louis, sa fidèle Catherine, tous les bons
amis dont l'affection lui était si douce, la ranimèrent,
et, dans les premiers jours de mai, elle avait repris
quelque force. On la suppliait de ne point prolonger son
séjour à Paris. Cédant aux instances de M. Lemonnier,
aux conseils du médecin, Élisa avait promis de repar-
tir pour la campagne. D'excellents amis, le docteur
Guépin et sa femme lui avaient préparé chez eux, près
de Nantes, une charmante retraite où, à l'abri de toute
préoccupation, elle devait prendre le repos complet qui
devenait indispensable.

Mais, avant de partir, elle voulut remplir un devoir.
Le 20 mai devait avoir lieu, pour la seconde fois,
dans les écoles, la distribution d'un prix d'honneur
institué par madame Lemonnier pour être décerné par
le libre suffrage des élèves, à celle que ses camarades
jugent la meilleure et la plus digne. Madame Lemonnier tenait à expliquer elle-même aux enfants le sens
moral de cette innovation; elle ne voulut donc point
quitter Paris sans avoir présidé à cette petite fête de
famille à laquelle assistent seulement les dames de
la Société et les directrices, sans aucune invitation ni
solennité. La fête eut lieu; madame Lemonnier rassem-
bla toutes ses forces pour la présider; elle y parut avec
sa grâce, sa douceur, sa bonté ordinaires. Jamais elle
n'avait été plus belle, jamais plus touchante; l'effort
même qu'elle dut faire pour prononcer la petite allocu-
tion qu'elle voulut adresser aux enfants, donnait à ses
paroles plus de force encore et d'autorité :

« Voici la seconde fois que nous sommes réunies pour offrir aux plus
dignes d'entre vous le prix d'excellence, que vous-mêmes avez décerné.

Vous avez été appelées à exercer, pour faire ce choix, la plus noble des prérogatives de l'être humain : celle qui consiste à discerner le bien du mal; — par ce choix, vous prouvez que vous savez apprécier le degré dans le bien, c'est-à-dire que vous savez comparer et juger. Vous avez rappelé vos souvenirs sur vos compagnes, vous avez évoqué en vous *l'idéal du bien*, que chacun de nous porte en soi ; vous avez rapproché de cet idéal la conduite de celle qui vous paraissait la plus digne; vous avez comparé cette conduite et celle des autres élèves, et vous avez trouvé que le côté du bien inclinait dans la balance vers celle que vous avez dû ensuite désigner à notre choix. Ainsi, vous nous avez montré que vous savez ce que c'est que d'appliquer votre raison, votre sagacité à prononcer sur cette grande question : choisir avec justice.

Vous qui recevez ces témoignages d'estime, d'affection et de justice de vos compagnes, vous les avez mérités, et vous en sentez une joie bien légitime que nous partageons toutes.

Mes chers enfants, un sentiment couronne cette fête, c'est celui de la solidarité. Ne sommes-nous pas tous solidaires et associés dans la vie? Vous commencez cette fraternelle union dans la communion de l'école, dans l'association des travaux, dans l'application de vos forces à bien faire. Cette solidarité se manifeste de deux façons ; il vous est demandé ici deux genres d'efforts : — vous devez remplir assidûment la tâche qui vous est donnée ; c'est là l'effort que l'on appelle *travail* ; — puis, vous avez à faire effort sur vous-même pour corriger vos défauts de caractère. Il est demandé à la paresseuse de devenir laborieuse, à l'étourdie de devenir plus sérieuse, à l'indocile d'écouter la voix qui fait appel à sa raison ; à toutes il est demandé le travail et la bonne volonté; mais, après la joie de sentir que vous avez rempli ces devoirs, n'y en a-t-il pas une plus grande encore? Celle de ramener au bien ses compagnes en les aidant par de bons conseils, par des avis affectueux et surtout par de bons exemples? Vous savez que la douce affection peut seule vous donner le droit de conseil et de réprimande entre vous. Jamais, j'en suis certaine, vous n'humilierez vos compagnes; cela ressemblerait trop à la méchanceté de ceux qui se moquent, parce qu'un de leurs frères ou de leurs sœurs est boîteux ou borgne; ce n'est point ainsi que vous agissez. Vous tendez la main au boîteux, vous aidez le borgne à se conduire.

Les défauts de l'être moral sont différents, me direz-vous peut-être, de ceux de l'être physique — sans aucun doute, ceux de l'ordre physique peuvent être incurables; moralement, il y a toujours à espérer. Voilà pourquoi vous agissez fraternellement, en disant à votre compagne en faute : « Tu te trompes, ta conduite est mauvaise, elle nous afflige et nous humilie toutes; corrige-toi, n'y reviens plus, tu le peux et tu le dois; ce sera un honneur pour toi et pour nous, nous serons glorieuses de ton retour au bien, nous partagerons ton triomphe comme nous partageons aujourd'hui le triomphe de celles que nous venons d'élire. » Légitime triomphe qui n'appartient pas seulement aux élues, car le milieu dans lequel elles se sont développées n'est pas étranger à leur mérite, et vous êtes ce milieu.

Quelques-unes d'entre vous ont si bien profité des avantages de ce milieu, qu'elles touchent au moment où elles devront quitter cette salle d'études, cette grande cour, leurs compagnes, leurs professeurs, leur directrice, nous-mêmes, pour appartenir tout à fait à leur famille et aux devoirs nouveaux d'une profession. A celles-là nous avons à donner quelques avis : plus on grandit, plus les sentiments et l'intelligence se développent, plus la sphère des devoirs s'étend; plus approche le moment où l'âge amène l'émancipation de la personne, plus on s'appartient à soi-même, plus on doit veiller sur soi et se garder.

Chères enfants, soyez plus sévères envers vous-mêmes que vos parents ni vos maîtres ne l'ont jamais été. Examinez souvent votre conscience: interrogez-vous sur la justice de vos intentions, sur la moralité de vos actes ; soyez vigilantes et maîtresses de vous, n'obéissez pas aveuglément aux instincts ni aux sentiments; éclairez-les par les lumières d'une sage raison. Il n'y a de fille bien gardée, que celle qui se garde. — Aimez la vertu, la bonté, le courage, la sincérité, la justice ; rendez vos pensées et vos affections pures et chastes, et conformez vos actions à vos pensées.

On vous a parlé souvent des dangers qui entourent les jeunes filles, ces dangers sont réels, mais il est pour toute fille deux moyens tout-puissants de les conjurer : la vigilance sur soi-même, la confiance absolue dans l'amour et la prudence de sa mère.

Chères filles, gardez précieusement cette pureté, apanage de la femme, qui la fait admirer lorsqu'elle est jeune, estimer dans sa maturité, respecter dans sa vieillesse. N'oubliez jamais que chaque être porte en soi ses vrais trésors, et que c'est par la volonté seule qu'on parvient à les faire fructifier.

Vous savez si vous remplirez nos cœurs de joie, en suivant le chemin de la vertu! Demandez souvent à Dieu de vous aider à vous y maintenir; son assistance ne fait jamais défaut, mais cette assistance, il faut la mériter.

Aide-toi, le ciel t'aidera !

Venez maintenant, mes chères filles, recevoir le témoignage de l'estime de vos camarades et de notre satisfaction à toutes. »

Ces belles paroles étaient le dernier adieu de celle

qui les prononçait avec une émotion qu'elle ne cherchait pas à dissimuler; cette expression vive et tendre
de sa pensée la plus intime, c'était son testament! Elle
ne devait plus revoir ces écoles qu'elle avait fondées,
ces enfants qu'elle aimait tant, ces classes, ce grand
jardin où elle se plaisait, et que ne quittaient guères
son cœur ni sa pensée.

Élisa sortit de l'école de la rue du Val bien heureuse.
bien émue, mais bien fatiguée. Quelques jours après,
un refroidissement qui la surprit pendant une des courses
qu'elle faisait incessamment dans l'int'rêt des écoles,
l'obligea de s'aliter; elle se leva pourtant le samedi
27 mai, écrivit toute la matinée de ce jour, et du lendemain, et rédigea de sa main l'ordre du jour de la
séance du conseil qui devait se tenir chez elle le lundi,
et qu'elle ne voulut pas contremander.

Cette réunion ne put avoir lieu. Le 29, à cinq heures
du matin, elle ressentit de vives douleurs au dessous
du cœur; elle appela son mari, mais ne voulut point
qu'on allât encore chercher le médecin. Quelques fric-
tions soulagèrent la chère malade, elle se rendormit,
mais quelques heures plus tard les douleurs reparu-
rent beaucoup plus fortes et plus vives. Les médecins
vinrent, on appliqua des ventouses; toute la journée du
lundi, une partie de la nuit, toute la journée du mardi,
les douleurs continuèrent avec la même intensité. Notre
chère amie se tordait sous la violence du mal, et ne
pouvait retenir des cris de souffrance. Le mercredi, seulement, les douleurs se calmèrent; on put ausculter la
poitrine, et s'assurer de la formation d'un épanchement
dans la plèvre. Le caractère de la maladie était reconnu,
c'était une pleurésie, mais une fièvre terrible s'était
déclarée. Le jeudi, le vendredi, le samedi et le di-

manche se passèrent à combattre cette fièvre. Dès le premier jour, les docteurs Raymond et Cerise avaient été appelés ; un des meilleurs amis de madame Lemonnier et de son mari, le docteur Henri Favre, voyait aussi la malade.

Le lundi, vers cinq heures du matin, Élisa pria madame E. Blanc ancienne amie de la famille qui avait passé la nuit près d'elle, d'aller chercher M. Lemonnier qui prenait quelques heures de repos : « Mon ami, lui dit-elle, si tu veux que j'embrasse notre Paul une dernière fois, avertis-le par le télégraphe. » Puis elle pria M. Lemonnier d'aller faire quelques changements au testament qu'elle avait écrit elle-même il y avait deux ans. Pendant que, tout ému, mais refoulant son émotion, M. Lemonnier, sans croire à l'imminence du péril, écrivait dans son cabinet, Élisa fit approcher la bonne Catherine, la nourrice de son second fils, vieille et fidèle amie : « Ma chère Catherine, lui dit-elle d'une voix très-basse, écoutez bien ce que je vais vous dire, car je ne vais plus pouvoir parler ; faites pour monsieur et pour Louis ce que vous avez fait pour moi...embrassez-moi, ma vieille, j'ai fait mon œuvre... il faut bien savoir s'en aller... »

Ce furent ses dernières paroles.

M. Lemonnier rentra dans la chambre, et s'assit au pied du lit pour commencer une veille qui devait être la dernière. Elisa s'était endormie ; tout le monde s'étant retiré, M. Lemonnier demeurait seul ; immobile, attentif, il écoutait la respiration égale et douce de la chère malade ; il était loin de prévoir une fin si proche. La veille, à minuit, le médecin lui avait dit : « Surtout si la malade s'endort, ne la réveillez pas ! » Le pauvre mari se réjouissait donc de ce sommeil si calme et si doux! Les minutes se passaient pourtant, huit heures allaient sonner lorsqu'Élisa ouvrit les yeux, M. Lemonnier se précipita, il était trop tard. Ces beaux yeux restaient ouverts et ne le voyaient pas, aucune pression ne répondit à la sienne, la respiration avait cessé, le pouls ne battait plus.

Elle avait dit vrai, la chère morte : ni son Paul, que le télégraphe allait avertir à Bessèges, ni son Louis, qui, la veille même, était venu prendre congé d'elle, allant passer à la campagne les fêtes de la Pentecôte, ni ses frères et ses sœurs, qu'elle aimait tant, ni sa chère Caroline, ni sa bonne Mally, ni tous ces tendres amis qui la pleurent, ni le vieux compagnon de sa vie, éperdu de douleur, personne ne devait plus recevoir ni ses paroles ni ses baisers !

Elle était morte comme elle avait vécu, courageuse, tranquille et simple; voyant venir la mort sans crainte et sans forfanterie, heureuse d'avoir fondé une œuvre dont elle comprenait la grandeur, heureuse surtout de laisser cette œuvre en des mains capables de la poursuivre !

Bien qu'on n'eût fait aucune convocation, le mercredi matin, le petit appartement que madame Lemonnier occupait rue Tronchet était trop étroit pour la foule qui s'empressait de lui rendre le dernier hommage. Des journalistes, des ouvriers, des députés, des hommes de lettres, des artistes, des savants, de vieux et fidèles amis venaient la saluer. A la gare du chemin d'Orléans, les dames de la Société pour l'enseignement professionnel des femmes s'étaient réunies; au milieu d'elles, sous la conduite de leurs directrices, se pressaient, tout émues, les jeunes filles choisies pour porter à leur bienfaitrice les adieux des écoles. Deux amis, Ch. Sauvestre et H. Favre, saluèrent de leurs paroles sympathiques le dernier départ.

Deux jours plus tard, le 9 juin, l'une des dernières volontés d'Élisa était fidèlement accomplie. Des mains amies avaient ouvert, pour recevoir son corps, cette terre qu'elle avait elle-même choisie : son mari, ses deux enfants, ses frères, sa sœur, sa famille, sa chère Caroline, sa fidèle Catherine, une ancienne et tendre amie, madame Emile Souvestre, qui avait bien voulu prodiguer à Louis ses soins maternels, et représenter jusqu'à la fin la Société pour l'enseignement professionnel des femmes, de nombreux amis, quelques-uns venus de très-loin, de bons voisins, des paysans, formaient un pieux cortége ; des paroles d'amour, de douleur, et de foi, tombaient sur cette terre où est ensevelie sa dépouille ! Dure épreuve que cette mystérieuse séparation que fait la mort ! grande leçon que laisse à tous cette vie si pure, si vaillante, si bien remplie !

Tâchons, nous tous, qui avons connu Élisa, qui l'avons aimée, qui l'aimons toujours, tâchons d'imiter ses vertus !

FIN.

Imprimerie L. TOINON et Cᵉ, à Saint-Germain.